Copyright © 1435 H./2014 C.E.
Taalib al-Ilm Educational Resources

ISBN: 978-1-938117-77-0
[Print Edition]

EVERYDAY ARABIC SERIES (BOOK 7)

This book teaches the Arabic vocabulary for:

1. Objects: Spices
2. Characteristics: Colors
3. Types: whole, crushed, ground, & flakes

Age Level [Basic: Ages 4-6 & Above]

Star Anise	**Al-Yaansoon**	الْيَانسُونُ
Turmeric	**Al-Kurkum**	الْكُرْكُمُ
Coriander	**Al-Kazbarah**	الكَزْبَرَة
Cloves	**Al-Qaranful**	القَرنْفُل
Cardamom	**Al-Hayl**	الْهَيْلُ
Mustard	**Al-Khardal**	الْخَرْدَلُ
Dill	**Shibt**	شبْت
Flax	**Al-Kataan**	الكتان
Fennel	**Ash-Shammar**	الشَّمَارُ
White pepper	**Filfil Abyadh**	فلْفل أَبيض
Black pepper	**Filfil Aswad**	فلْفلُ أَسْوَد
Caraway	**Al-Karaawiyaa**	الكراويا
Fenugreek	**Al-Hulbah**	حُلْبَة
Paprika	**Filfil Hiluw**	فلْفلٌ حلْوٌ
Cinnamon	**Al-Qirfah**	الْقرْفَة
Mint	**An-Na'naa'**	النَّعْنَاع
Allspice	**Al-Bahaar**	الْبَهار
Red Pepper	**Filfil Haar**	فلْفل حَار

Most spices can be found in one of four forms:

مُعْظَمُ التَّوابِلِ يُمْكِنُ الْعُثُورُ عَلَيْهَا فِي اَحَدِ أَرْبَعَةِ أَشْكَالٍ :

whole, كَامِلٌ،

or **crushed**, أَوْ مَسْحُوقٌ خَشِنٌ،

or **in flakes**, أَوْ قُشَيْرَاتٌ،

or **ground** into powder. أَوْ مَسْحُوقٌ.

This is anise. It is a whole spice that is brown.

هَذَا الْيَانِسُونُ. هُوَ تَابِلٌ كَامِلٌ وَهُوَ بُنِّيٌّ.

This is turmeric.
It is a ground spice that is yellow.

هَذَا الْكُرْكُمُ. هُوَ تَابِلٌ عَلَى شَكْلِ مَسْحُوقٍ وَهُوَ أَصْفَرُ.

This is coriander.
It is a whole spice that is light brown.

هَذَا الْكَزْبَرَة.
هُوَ تَابِلٌ كَامِلٌ وَهُوَ بُنِّيٌّ فَاتِحٌ.

This is cardamom.
It is a whole spice that is green.

هَذَا الْهَيْلُ.
هُوَ تَابِلٌ كَامِلٌ وَهُوَ أَخْضَرُ.

This is cloves. It is a whole spice that is dark brown

هَذَا الْقَرَنْفُل.
هُوَ تَابِلٌ كَامِلٌ وَهُوَ بُنِّيٌّ دَاكِنٌ.

This is mustard. It is a whole spice that is yellow.

هَذَا الْخَرْدَلُ.
هُوَ تَابِلٌ كَامِلٌ وَهُوَ أَصْفَرُ.

This is **dill**. It is a **whole spice** that is **brown**.

هَذَا شِبْتِ. هُوَ تَابِلٌ كَامِلٌ وَهُوَ بُنِّيٌّ.

This is flax. It is a whole spice that is brown.

هَذَا الكتان. هُوَ تَابِلٌ كَامِلٌ وَهُوَ بُنِّيٌ.

This is **fennel**. It is a **whole spice** that is **green**.

هَذَا الشَّمَارُ.
هُوَ تَابِلٌ كَامِلٌ وَهُوَ أَخْضَرُ.

This is white pepper. It is a whole spice that is white.

هَذَا فِلْفِلٌ أَبْيَضٌ.
هُوَ تَابِلٌ كَامِلٌ وَهُوَ أَبِيضٌ.

This is black pepper.
It is a whole spice that is dark brown.

هَذَا فِلْفِلٌ أَسْوَدٌ.
هُوَ تَابِلٌ كَامِلٌ وَهُوَ بُنِّيٌّ دَاكِنٌ

This is caraway. It is a whole spice that is brown.

هَذَا الكراويا.
هُوَ تَابِلٌ كَامِلٌ وَهُوَ بُنِّيٌّ.

This is **fenugreek**. It is a **whole spice** that is **yellow**.

هَذَا حُلْبَةٌ.
هُوَ تَابِلٌ كَامِلٌ وَهُوَ أَصْفَرُ.

This is **paprika**. It is a **crushed spice** that is **red**.

هَذَا فِلْفِلٌ حِلْوٌ. هُوَ تَابِلٌ عَلَى شَكْلِ مَسْحُوقٍ خشنٍ وَهُوَ أَحْمَرُ.

This is cinnamon. It is a whole or ground spice that is brown.

هَذَا الْقِرْفَةُ.
هُوَ تَابِلٌ كَامِلٌ أو عَلَى شَكْلِ مَسْحُوقٍ وَهُوَ بُنِّيٌّ.

This is **mint**. It is a spice in flakes that is green.

هَذَا النَّعْنَاعُ. هُوَ تَابِلٌ عَلَى شَكْلِ قُشَيْرَاتٍ وَهُوَ أَخْضَرُ.

This is **allspice**. It is a **whole spice** that is **brown**.

هَذَا الْبَهار.
هُوَ تابِلٌ كامِلٌ وَهُوَ بُنِّيٌّ.

This is red pepper. It is a whole or ground spice that is red.

هَذَا فِلْفِل حَار. هُوَ كَامِلٌ أو عَلَى شَكْلِ مَسْحُوقٍ وَهُوَ أَحْمَرُ.

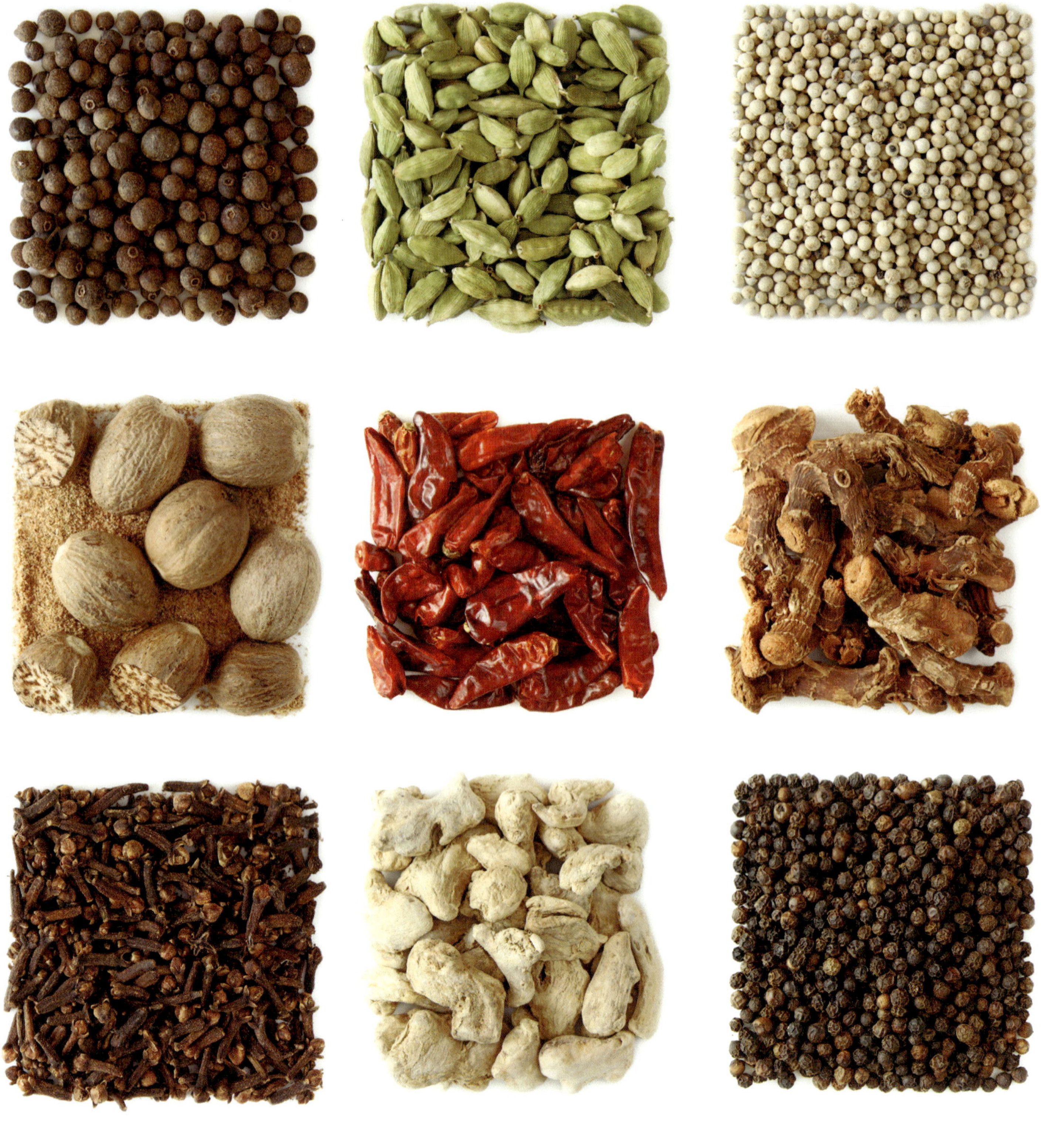

Questions:
1. How many of the spices are brown?
2. How many of the spices are red?
3. How many of the spices are white?

الْأَسْئِلَةُ:

١. كَمْ عَدَدُ التَّوابِلِ الَّتِي لَوْنُها بُنِّيٌّ داكِنٌ ؟

٢. كَمْ عَدَدُ التَّوابِلِ الَّتِي لَوْنُها أَحْمَرُ؟

٣. كَمْ عَدَدُ التَّوابِلِ الَّتِي لَوْنُها أَبْيَضُ ؟

1.
2.
3.
4.
5.
6.

Instructions:
1. Point to the spices which are ground.
2. Point to the spices which are whole.
3. Point to the spices which are crushed.

تَعْلِيمَات:

١. أَشِرْ إِلَى التَّوَابِلِ الَتِي عَلَى شَكْلِ مَسْحُوقٍ .

٢. أَشِرْ إِلَى التَّوَابِلِ الَتِي عَلَى شَكْلٍ كَامِلٍ.

٣. أَشِرْ إِلَى التَّوَابِلِ الَتِي عَلَى شَكْلِ مَسْحُوقٍ خشنٍ.

ANSWERS: 1. ground: 1, 5 - 2. whole: 2, 4, 6. - 3. crushed 3.

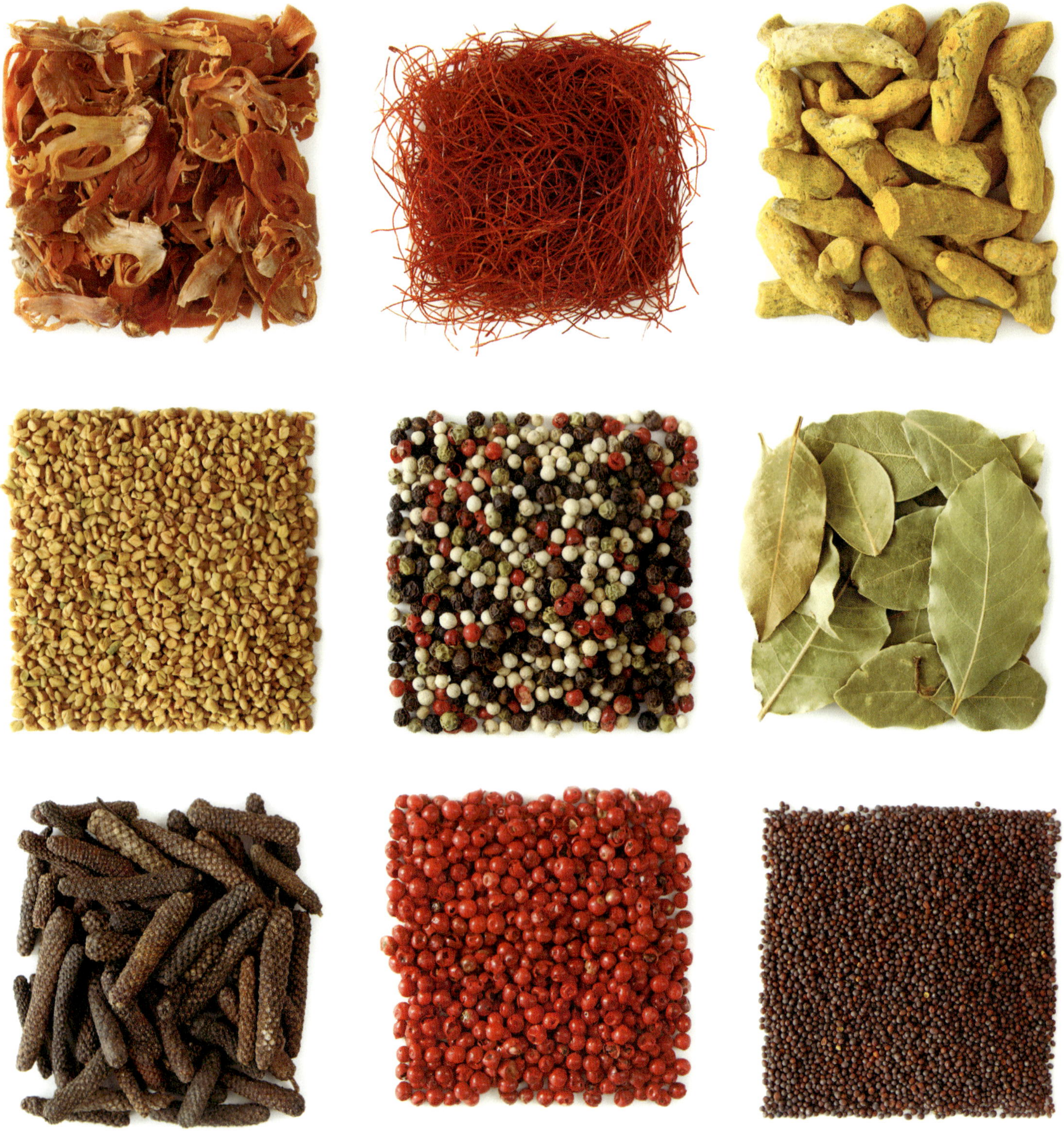

Questions:
1. How many of the spices are yellow?
2. How many of the spices are green?
3. How many of the spices are red?

الأَسْئِلَةُ:

١. كَمْ عَدَدُ التَّوَابِلِ الَّتِي لَوْنُها أَصْفَرُ؟

٢. كَمْ عَدَدُ التَّوَابِلِ الَّتِي لَوْنُها أَخْضَرُ؟

٣. كَمْ عَدَدُ التَّوَابِلِ الَّتِي لَوْنُها أَحْمَرُ؟

ANSWERS: 1. Two. - 2. One. - 3. Two.

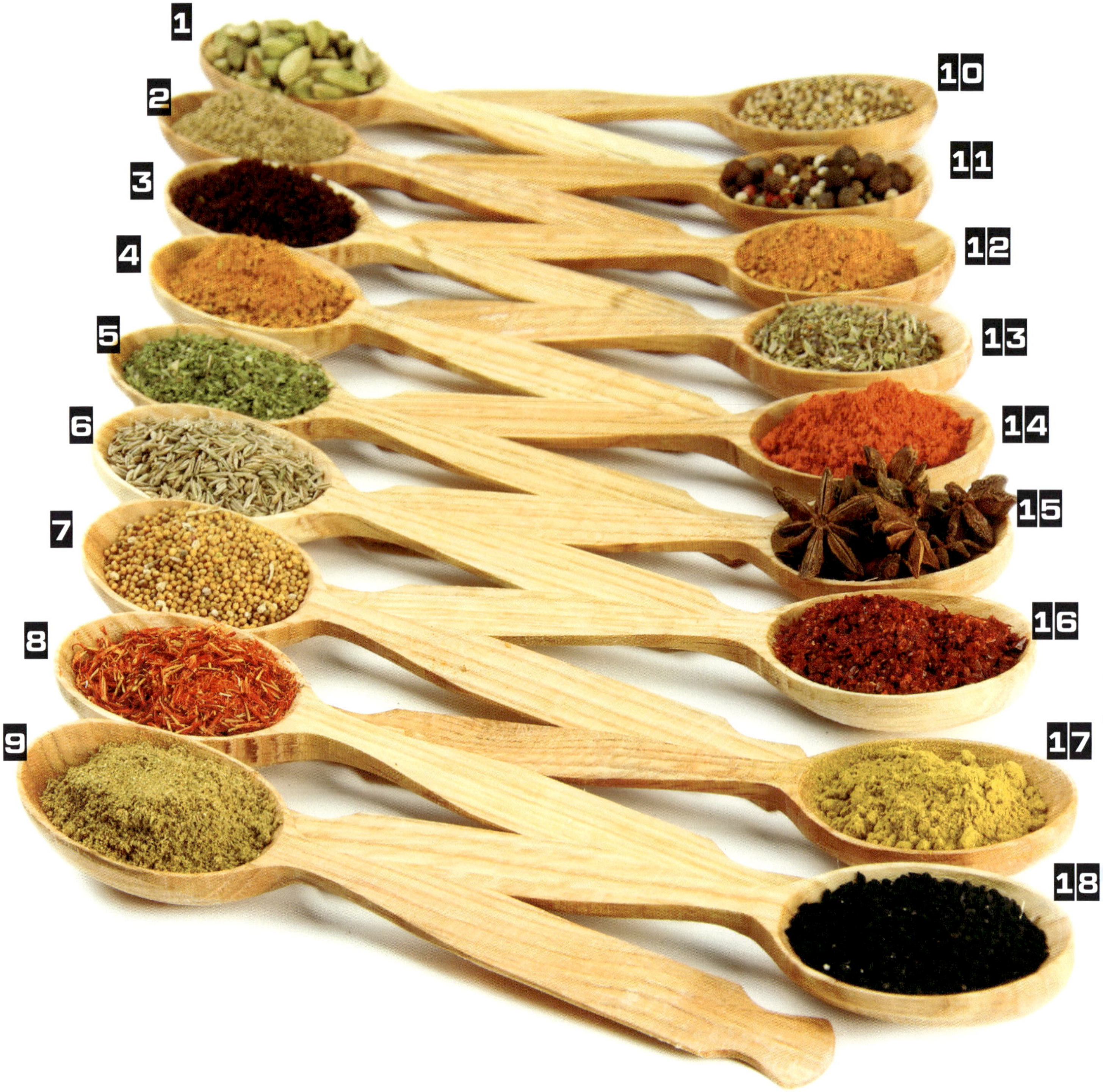
1
2
3
4
5
6
7
8
9
10
11
12
13
14
15
16
17
18

Instructions:
1. Point to the spices which are ground.
2. Point to the spices which are whole.
3. Point to the spices which are crushed.
4. Point to the spices which are flakes.

تَعْلِيمَات:

١. أَشِر إِلَى التَّوَابِلِ الَتِي عَلَى شكْلِ مَسْحُوقٍ.

٢. أَشِر إِلَى التَّوَابِلِ الَتِي عَلَى شكْلٍ كَامِلٍ.

٣. أَشِر إِلَى التَّوَابِلِ الَتِي عَلَى شكْلِ مَسْحُوقٍ خشِنٍ.

٤. أَشِر إِلَى التَّوَابِلِ الَتِي عَلَى شكْلِ قُشَيرَاتٍ.

ANSWERS: 1. ground: 2, 3, 4, 9, 12, 14, 17 - 2. whole: 1, 6, 7, 10, 11, 15, 18 - 3. crushed: 8, 16 - 4. flakes: 5, 13.

TITLES IN THIS SERIES:

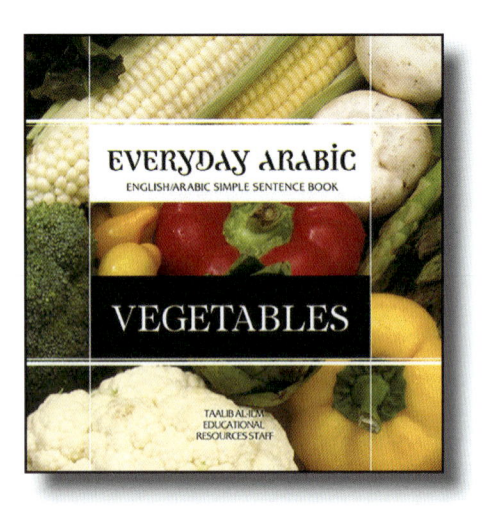

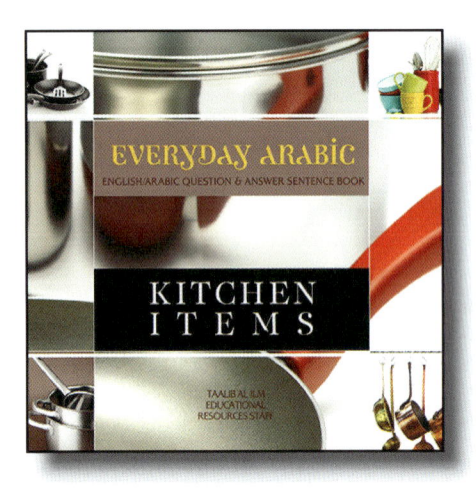

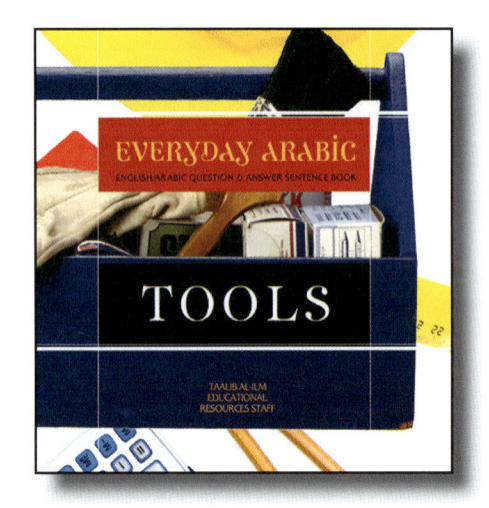

EVERYDAY ARABIC
ENGLISH/ARABIC SIMPLE SENTENCE BOOK
FRUITS
TAALIB AL-ILM EDUCATIONAL RESOURCES STAFF

EVERYDAY ARABIC
ENGLISH/ARABIC SIMPLE SENTENCE BOOK
VEGETABLES
TAALIB AL-ILM EDUCATIONAL RESOURCES STAFF

EVERYDAY ARABIC
ENGLISH/ARABIC QUESTION & ANSWER SENTENCE BOOK
KITCHEN ITEMS
TAALIB AL-ILM EDUCATIONAL RESOURCES STAFF

EVERYDAY ARABIC
ENGLISH/ARABIC QUESTION & ANSWER SENTENCE BOOK
TOOLS
TAALIB AL-ILM EDUCATIONAL RESOURCES STAFF

TITLES IN THIS SERIES:

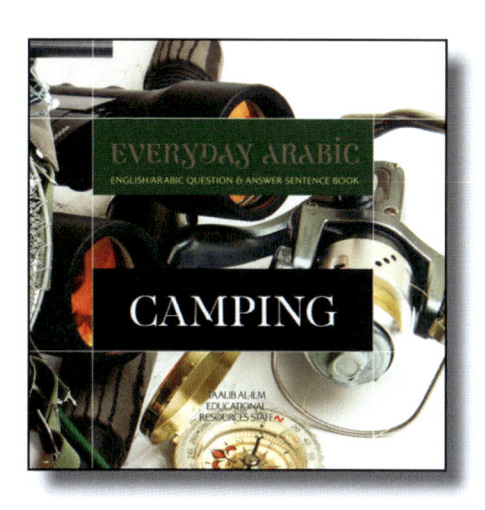

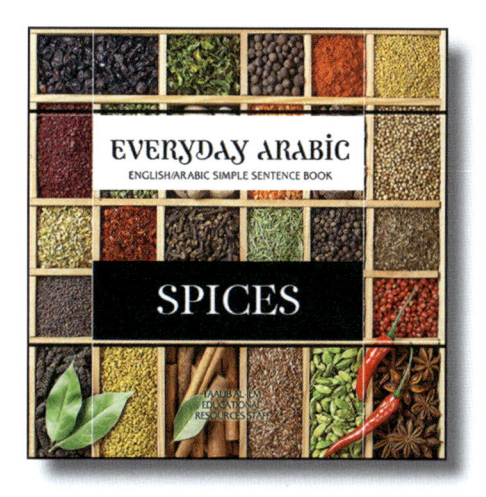

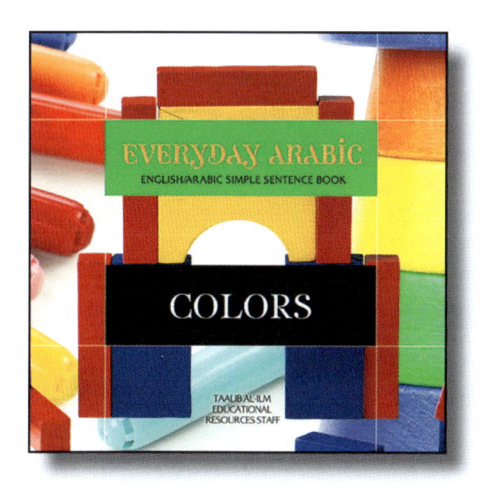

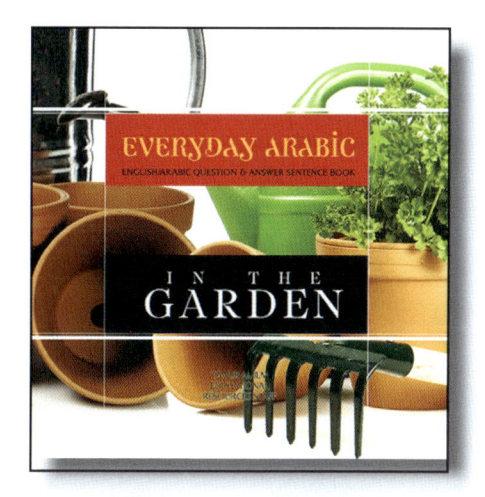

- CAMPING
- SPICES
- COLORS
- IN THE GARDEN

Printed in Great Britain
by Amazon